BEI GRIN MACHT SICH IHR
WISSEN BEZAHLT

AF136296

- Wir veröffentlichen Ihre Hausarbeit,
  Bachelor- und Masterarbeit

- Ihr eigenes eBook und Buch -
  weltweit in allen wichtigen Shops

- Verdienen Sie an jedem Verkauf

Jetzt bei www.GRIN.com hochladen
und kostenlos publizieren

GRIN

Systemelemente eines geschlossenen Industrie 4.0-Prozessregelkreises

Karoline Weber

Bibliografische Information der Deutschen Nationalbibliothek:

Die Deutsche Nationalbibliothek verzeichnet diese Publikation in der Deutschen Nationalbibliografie; detaillierte bibliografische Daten sind im Internet über http://dnb.d-nb.de abrufbar.

ISBN: 9783346683137
Dieses Buch ist auch als E-Book erhältlich.

© GRIN Publishing GmbH
Nymphenburger Straße 86
80636 München

Alle Rechte vorbehalten

Druck und Bindung: Books on Demand GmbH, Norderstedt Germany
Gedruckt auf säurefreiem Papier aus verantwortungsvollen Quellen

Das vorliegende Werk wurde sorgfältig erarbeitet. Dennoch übernehmen Autoren und Verlag für die Richtigkeit von Angaben, Hinweisen, Links und Ratschlägen sowie eventuelle Druckfehler keine Haftung.

Das Buch bei GRIN: https://www.grin.com/document/1247899

Hochschule für angewandte Wissenschaften Würzburg - Schweinfurt

Forschungsarbeit
Im Studiengang Wirtschaftsingenieurwesen

Systemelemente eines geschlossenen Industrie 4.0-Prozessregelkreises

Abgabetermin: 28.01.2019

Inhalt

Abstrakt iii

Einleitung... 1

Forschungsmethodik und Vorgehen 2

1. Systemdefinition... 3

2. Geschlossener Regelkreis 4

3. Industrie 4.0 9

Fazit 19

Literaturverzeichnis... 20

Abstrakt

Zweck: Die kritische Literaturrecherche soll Aufschluss über wichtige Systemelemente in einem geschlossenen Industrie 4.0-Prozessregelkreis geben.

Methodisches Vorgehen: Als Methodik wurde eine umfassende kritische Literaturrecherche eingesetzt. Zusätzlich waren theoretische Beschreibungsansätze eines Systems und eines geschlossenen Regelkreises wesentliche Aspekte. Gesichtet wurden themenbezogene Literaturen aus den Jahren von 1951 bis 2018, wobei Suchmaschinen für wissenschaftliche Dokumente genutzt wurden, wie z. B. Google Scholar oder Science Direct.

Ergebnisse: Die Untersuchung ergab, dass die Regelung eines Objektes direkt über Cyber-Physical Systems (CPS) oder indirekt über die Cloud erfolgen kann. Eine Speicherung und Analyse der Daten ist demnach sowohl direkt als auch indirekt möglich. Cyber-Physical Systems (CPS) sind physische Objekte, die über das Internet miteinander vernetzt sind. Dadurch können Daten in Echtzeit ausgetauscht und analysiert werden (Kim und Park, 2017). Des Weiteren konnte festgestellt werden, dass überwiegend das Stabilitätsverhalten eines geschlossenen Regelprozesses von Cyber-Physical Systems (CPS) betrachtet wurde. Dabei bestanden die Komponenten des Regelkreises vorwiegen aus den klassischen Elementen des Regelkreises: Regler, Stellglied, Regelstrecke und Messglied. Vereinzelte Arbeiten integrierten jedoch den Aspekt des Netzwerkes in den geschlossenen Regelkreis. Die Integration weiterer relevanter Systemelemente in einem geschlossenen Industrie 4.0-Prozessregelkreis wurde bisher noch nicht ausreichend untersucht.

Wert: Industrie 4.0 wird meist über seine Technologien beschrieben. Diese sind bisher jedoch nicht umfangreich in einem geschlossenen Regelkreis betrachtet worden. Das Herausarbeiten relevanter Systemelemente, die unmittelbar mit der Prozessregelung in Verbindung stehen, ist ausschlaggebend, um einen erweiterten, spezifischen Industrie 4.0-Prozessregelkreis zu realisieren. Diese Arbeit schafft eine Basis, um zukünftig komplexe Prozesse der Industrie 4.0 besser zu beherrschen.

Einleitung

Produktionsunternehmen zielen darauf ab, Anlagestillzeiten aufgrund von ungeplanten Störungen zu vermeiden. Stillzeiten führen einerseits zu finanziellen Einbußen und andererseits zu Ressourcenverlusten. Effektivitätsanalysen zufolge tritt durchschnittlich nach ca. 4,5 min. eine Produktionsprozessstörung bei Verarbeitungsanlagen auf, dessen Effekt ein Anlagestillstand zur Folge hat (Weidner, 2016, S. 376). Ein zentrales Ziel der Industrie 4.0 ist die Effizienzsteigerung eines Unternehmens. Dazu sollen Maschinenstillstandzeiten und Störungen minimiert werden, sodass eine maximale Maschinenauslastung und Komponentenverfügbarkeit ermöglicht wird. Der Zustand von technischen Prozessen muss dazu ununterbrochen überwacht werden. Maschinendaten wie etwa Temperatur, Schwingung, Stromstärke, Spannung usw. werden permanent eingelesen, sodass auf deren Basis Vorhersagen über den Zustand der Anlagen getroffen werden können (Springer-VDI-Verlag, 2018).

Ziel der Regelungstechnik ist es, eine Systemstabilität trotz Störeinflüsse zu gewährleisten, die auf das System einwirken (Mößmer, 1999, S. 36). Dabei gibt es zwei wesentliche Eigenschaften, die ein System instabil werden lassen. Das sind zum einen die Totzeit und zum anderen die Datenrückkopplung. Die Totzeit ist eine besondere Eigenschaft von Systemelementen und bedeutet, dass Elemente Signale erst nach einer zeitlichen Verzögerung vollständig ausgeben, z. B. stellt sich beim Thermostat eine Soll-Temperatur erst nach einiger Zeit ein (Lunze, 2016, S. 10ff). Die Datenrückkopplung ist eine besondere Systemcharakteristik von geschlossenen- Systemen und Regelkreisen (Forrester, 2013, S. 15). Durch die wechselseitige Interaktion zwischen Ausgangs- und Eingangsgröße werden Daten aus dem System an einen Teilbereich des Systems zurückgegeben (Kaspers *et al.*, 2013, S. 237). Regelkreise, welche sich über eine Datenrückkoppelung definieren, haben ein ausgeprägtes dynamisches Systemverhalten (Seborg *et al.*, 2010, S. 183). Mithilfe von theoretischen Ansätzen ist es möglich, Prognosen über das dynamische Systemverhalten zu treffen, wenn ein geschlossener Regelkreis mit seinen Systemelementen theoretisch beschrieben ist (Heger, 2014, S. 59ff).

Industrie 4.0 besteht aus mehreren Systemelementen, die miteinander interagieren (Roy, 2017, S. 124). Damit kann das Industrie 4.0-Konzept als ein geschlossener Regelkreis mit Datenrückkopplung dargestellt werden. In dieser Arbeit gilt es, relevante Systemelemente im Industrie 4.0-Kontext herauszustellen, die unmittelbar mit der Regelung eines Systems in Verbindung stehen. Darauf aufbauend kann ein Industrie 4.0-Prozessregelkreis beschrieben und anschließend das dynamische Verhalten des Regelkreises untersucht werden. In diesem Zusammenhang sollen folgende Fragestellungen betrachtet werden:

1. Welche theoretischen Beschreibungsansätze gibt es für Systeme und geschlossene Regelkreise ganz allgemein?
2. Welche Systemelemente gibt es in einem geschlossenen Industrie 4.0-Prozessregelkreis?

Forschungsmethodik und Vorgehen

Eine kritische Literaturrecherche wird als Methodik angewendet. Der Zweck besteht darin, Wissenslücken zu einem untersuchten Thema zu füllen, Forschungslücken für weitere Forschungsarbeiten aufzuzeigen und verschiedene Ansichten miteinander zu verglichen. Die Vorgehensweise richtete sich nach den fünf Phasen der kritischen Literaturrecherche: Problemformulierung, Datensammlung, Datenanalyse und Interpretation sowie Präsentation der Ergebnisse (Cooper, 1982, S. 291). Zunächst wurden themenbezogene Daten gesichtet und relevante Begriffe - sog. Schlüsselwörter - in einer Liste eingetragen. Anschließend erfolgte eine spezifische Literatursuche durch Eingabe der Schlüsselwörter in Suchmaschinen wie Google-Scholar und Science Direct. Berücksichtigte Dokumententypen waren wissenschaftliche Bücher, Zeitschriften, Konferenzbeiträge, Studien und Doktorarbeiten. Zur gezielten Beantwortung der ersten Forschungsfrage wurde mit den Schlagworten System-Theory sowie Control-System und Feedback-Loop recherchiert. Im Fokus der zweiten Forschungsfrage standen die Schlagworte Smart Industry und Cyber-Physical Systems (CPS). Letzteres erwies sich als wesentlicher Bestandteil zur Regelung von Systemen. Die Suche mit dem Begriff Smart Industry führte zu mehr Ergebnissen als mit dem Ausdruck Industrie 4.0. Zusätzlich wurde mit den deutschen Begriffen recherchiert. Nachfolgend fand eine Bewertung der ausgewählten Primärstudien hinsichtlich Relevanz und wissenschaftlicher Qualität statt. Die abschließende Datenanalyse bezog sich ausschließlich auf relevante Primärstudien, die der Beantwortung der Forschungsfragen dienten.

Die Arbeit beschäftigt sich mit der Identifizierung relevanter Systemelemente in einem Industrie 4.0-Prozessregelkreis. Der Begriff Prozessregelkreis wird im zweiten Kapitel erklärt. Ziel der Arbeit ist, weitere Komponenten aus dem Industrie 4.0-Kontext aufzudecken, die über die klassischen Komponente eines geschlossenen Regelkreises hinaus in den Prozessregelkreis integriert werden können. Dies soll durch die Beantwortung der zweiten Forschungsfrage erfüllt werden. Die erste Forschungsfrage soll ein Grundverständnis über Systeme sowie geschlossene Regelkreise und dessen Komponente geben.

Die Literaturrecherche bezieht sich im ersten Teil auf theoretische Beschreibungsansätze von Systemen. Dazu werden verschiedene Systemdefinitionen untersucht. Im zweiten Teil wird der geschlossene Regelkreis und dessen Systemkomponenten erläutert. Dabei wird auf Fachgebiete der Regelungstechnik Bezug genommen. Der dritte Teil konkretisiert die Herkunft von Industrie 4.0 und zeigt Komponenten des Industrie 4.0-Kontextes auf, die mit der Regelung in Verbindung stehen. Auch auf den Stand der Technik hinsichtlich Regelvorgängen aus dem Industrie 4.0-Kontext wird im dritten Teil eingegangen. Der Fokus der Arbeit liegt auf den Systemelementen im Industrie 4.0-Kontext, die in den Regelungsprozess eingreifen oder Teil des Prozesses sind.

1. Systemdefinition

Die Globalisierung und der technologische Fortschritt führen zunehmend zu einem hohen Grad an Vernetzung. Es entstehen zahlreiche Systeme, die durch ihre Verknüpfungen untereinander komplexer werden (Arnold und Wade, 2015). Folglich besteht ein komplexes System aus mehreren Elementen, die miteinander in Beziehung stehen (Aboutaleb und Monsuez, 2015; Cox und Szajnfarber, 2015). Des Weiteren werden Systemarten differenziert. Die am häufigsten genannten sind offene und geschlossene Systeme. Offene Systeme weisen im Gegensatz zu geschlossenen Systemen eine Wechselwirkung zur Umwelt oder zu umgebenden Systemen auf (Bertalanffy, 1968, S. 141; Böhm, 2002, S. 39). Allerdings gibt es in der Realität keine geschlossenen Systeme, diese bestehen nur theoretisch (Zentrum Wertanalyse der VDI-Gesellschaft Systementwicklung und Projektgestaltung, 1995, S. 55). Aus Sicht der Regelungstechnik besteht bei einem offenen System keine Wechselwirkung zwischen Ausgangs- und Eingangsgrößen. Demnach ist eine Selbstregulierung von offenen Systemen ausgeschlossen. Geschlossene Systeme weisen eine Rückkopplungsschleife auf. Durch die Wechselwirkung zwischen Ausgangs- und Eingangsgrößen lässt sich das Systemverhalten selbst regulieren (Forrester, 2013, S. 15f). Da die Forschungsarbeit auf Theorien der Regelungstechnik zurückgreift und dabei die Selbstregulierung eines Systems im Vordergrund steht, wird sich ausschließlich auf ein geschlossenes System bezogen.

Aus der Literatur wird ersichtlich, dass der Systembegriff in vielen Fachbereichen aufgegriffen und immer wieder neu definiert wurde, weshalb es schwierig ist eine allgemeingültige Definition festzulegen. Einige Definitionen unterscheiden sich stark voneinander, andere weisen große Ähnlichkeiten auf (Backlund, 2000).

Bertalanffy definiert ein System wie folgt: „A system can be defined as a complex of interacting elements" (Bertalanffy, 1968, S. 55). In seiner Veröffentlichung von 1968 versuchte Bertalanffy den Systembegriff zu verallgemeinern, indem er Gemeinsamkeiten des Begriffs aus verschiedenen Fachbereichen vereinte (Bertalanffy, 1968, S. 21ff). Allerdings wurde seine *„Allgemeine Systemtheorie"* auf einer wissenschaftlichen Debatte kritisiert. Beanstandet wurde bspw. die Vernachlässigung, dass jedes System verschiedenen Bedingungen und Systemeigenschaften unterliegt. Zudem wurde ein fehlender Praxisbezug kritisiert, da Bertalanffy´s Theorie auf einem mathematischen Ansatz beruht (Bertalanffy *et al.*, 1951; Müller, 2013, S. 245ff).

Forrester´s Begriffsbestimmung ist ähnlich zu Bertalanffy, er beschreibt ein System als: „[…]eine Anzahl von miteinander in Beziehung stehenden Teilen, die zu einem gemeinsamen Zweck miteinander operieren" (Forrester, 2013, S. 9).

Die Definition von Ulrich und Gilbert lautet: „Ein System ist ein dynamisches Ganzes, dass als Solches bestimmte Eigenschaften und Verhaltensweisen besitzt. Es besteht aus Teilen, die so miteinander verknüpft sind, dass kein Teil unabhängig ist von anderen Teilen und dass das Verhalten des Ganzen beeinflusst wird vom Zusammenwirken aller Teile" (Ulrich und Gilbert, 1995, S. 30). Systeme, die mit anderen Systemen interagieren, sind dynamisch (Wieringa, 1996, S. 11).

In der Regelungstechnik wird zwischen einem statischen und einem dynamischen Systemverhalten unterschieden. Statisches Systemverhalten beschreibt ein System im Ruhezustand. Dynamische Systeme sind zeitabhängig, d.h. die zeitabhängige Eingangsgröße wird durch innere Systemeigenschaften verändert, sodass das System am Ausgang zeitabhängig darauf reagiert (Unbehauen, 2007, S. 22f).

Backlund beschäftigte sich mit der Analyse verschiedener Systemdefinitionen. Eine allgemeingültige Systemdefinition würde aus seiner Sicht zu Einschränkungen führen, wodurch nicht alle Systeme abgedeckt werden könnten. Daher ist es sinnvoll eine allgemeine Definition für jedes individuelle System zu spezifizieren (ausweiten oder einschränken). Gemäß Backlund können Systeme nicht verallgemeinert werden, sie unterscheiden sich in ihrer Art bzw. ihren Eigenschaften (Backlund, 2000).

Die zitierten Definitionen weisen eine Übereinstimmung auf, wenngleich einige Autoren den Begriff System genauer spezifizierten. So verdeutlichten alle genannten Autoren, dass ein System aus mehreren miteinander verbundenen Elementen besteht. Aus dieser Gemeinsamkeit und Backlund´s Fazit lässt sich schlussfolgern, dass ein geschlossener Industrie 4.0-Regelkreis als System gesehen werden kann, der aus mehreren Systemelementen besteht, die über die Datenübertragung miteinander in Beziehung stehen. Der Begriff des geschlossenen Regelkreises wird im nachfolgenden Kapitel erläutert.

2. Geschlossener Regelkreis

Zunächst wird zwischen geschlossenen und offenen Regelkreisen unterschieden. Der Begriff des Regelkreises ist gleichzusetzen mit der Wirkungskette oder dem Wirkungsweg. Im Gegensatz zu offenen Regelkreisen besitzen geschlossene Regelkreise eine Rückkopplungsfunktion (Rückmeldung), mit dem ein Sensor den Ist-Wert des Systems erfasst, diesen an den Systemeingang bzw. Reglereingang zurückführt, damit der Zielwert mit dem Ist-Wert abgeglichen und ggf. korrigiert wird (Selbstregulierung). Offene Wirkungsketten können demzufolge nicht auf mögliche Abweichungen bspw. Störungen reagieren. (Perdikaris, 1991, S. 2ff; Zach, 2013, S. 221f; Lunze, 2003, S. 28ff). Diese Arbeit bezieht sich daher ausschließlich auf geschlossene Regelkreise. Forrester unterscheidet weiterhin zwei Arten von geschlossenen Regelkreisen: positive und negative Feedback-Systeme. Aktionen, die durch positive Feedback-Systeme ausgelöst werden, führen zu weiteren Aktionen, die größere Wirkungen zur Folge haben, z. B. Bakterien, die sich vermehren führen zu einem Anstieg neuer Bakterien. Negative Feedback-Systeme reagieren lediglich auf Zielabweichungen bspw. bei der Regelung einer Heizung

(Forrester, 2013, S. 15f). Demzufolge sind Regelvorgänge von Maschinen oder Anlagen, die diese Arbeit zum Fokus hat, negative Feedback-Systeme.

Die Hauptaufgabe eines Regelkreises besteht darin, die Stabilität eines Systems zu gewährleisten und Störungen möglichst schnell und präzise zu korrigieren (Stachowiak, 2013, S. 6f). Die statistische Prozessregelung bzw. Statistical Process Control (SPC) wird zur Qualitätsprüfung und Regelung von Fertigungsprozessen eingesetzt, um unerwünschte Prozessveränderungen oder Störungen rechtzeitig zu erkennen und ggf. in die Prozessregelung einzugreifen. Dabei wird die sog. Qualitätsregelkarte als Instrument zur Beschreibung des statistischen Verhaltens verwendet. Die Qualitätsregelkarte beinhaltet zuvor definierte Eingriffsgrenzen, innerhalb deren die Qualität des Prozesses bestimmt wird. Beim Überschreiten der Eingriffsgrenzen muss bspw. der Prozess reguliert werden (Pfeifer, 2013, S. 82ff; Pfeifer und Schmitt, 2011, S. 408ff). Gemäß der DIN IEC 60050-351 ist ein Prozess eine Reihe von aufeinanderfolgenden Abläufen eines Systems, wodurch Materialien, Energien oder Informationen transformiert, weitergeleitet oder gespeichert werden (Deutsches Institut für Normung e. V., 2014). Der Begriff des Regelkreises wird nach der DIN IEC 60050-351 beschrieben als eine: „Anordnung von Übertragungsgliedern im geschlossenen Wirkungsablauf einer Reglung" (Deutsches Institut für Normung e. V., 2014). Zudem definiert die Norm einen geschlossenen Wirkungsablauf als einen geschlossenen Wirkungsweg, bei dem die Eingangsgröße durch die Ausgangsgröße kontinuierlich beeinflusst wird und sich somit der geschlossene Kreislauf selbst regelt (Deutsches Institut für Normung e. V., 2014). Ein in sich geschlossener Prozess kann somit als geschlossener Prozessregelkreis bezeichnet werden.

Der Begriff des geschlossenen Regelkreises und dessen Komponenten wird durch die DIN IEC 60050-351 eindeutig beschrieben, trotzdem kann es innerhalb des vorgegebenen Regelkreises Variationsmöglichkeiten geben. Einerseits ergibt sich dies aus dem individuellen Systemverhalten der einzelnen Regelkreisglieder, bspw. weisen unterschiedliche Reglertypen oder Regelstrecken andere Eigenschaften auf (Bleisteiner und Mangoldt, 2013, S. 39). Andererseits sind verschiedene Kombinationsmöglichkeiten der Regelkreisglieder hinsichtlich des Übertragungsverhaltens denkbar, z. B. gibt es zusätzlich zu den allgemeingültigen Übertragungsformen auch Mischformen (Robert Bosch GmbH, 2013, S. 131). Regelkreisglieder sind Systemelemente des Regelkreises. Unter dem Übertragungsverhalten wird die Beziehung zwischen Ein- und Ausgangsgröße eines Regelkreisgliedes verstanden, dass sich aus den jeweiligen physikalischen Eigenschaften des Regelgliedes ergibt (Bleisteiner und Mangoldt, 2013, S. 25f).

Für ein besseres Verständnis wird nun auf grundlegende Elemente eines Regelkreises näher eingegangen. Dabei wird sich vorwiegend auf Theorien der Regelungstechnik bezogen.

2.1 Elemente des geschlossenen Regelkreises

Ein Regelkreis besteht grundsätzlich aus vier Komponenten (Regelkreisgliedern): Regler, Stelleinrichtung, Regelstrecke und Messglied bzw. Sensor (siehe Abb.1) (Vossius, 1961; Braun, 2005, S. 11; Unbehauen und Ley, 2014, S. 2; Böhmer *et al.*, 2018, S. 35). Zudem wird von einem linearen, Verhalten der Regelkreisglieder ausgegangen: Lineares Verhalten lässt sich daran erkennen, dass eine Änderung der Eingangsgröße die gleiche Änderung der Ausgangsgröße auslöst. Reale Systeme sind allerdings nichtlinear, ihre Nichtlinearität lässt sich oftmals vernachlässigen oder sie lassen sich durch Differenzialgleichungen linearisieren (Busch, 2012, S. 252f; Antonio und Albertos, 2004, S. 7). Regelkreisglieder, deren Funktion die Übermittlung von Signalen beinhaltet, werden als Übertragungsglieder bezeichnet (Ley und Unbehauen, 2014, S. 1). Hierzu gehören die Regelstrecke, der Regler wie auch das Mess- und Stellgerät (Abel, 2009, S. 108). Unter dem Begriff Übertragungsglied oder Übertragungsfaktor (K) wird das Zusammenspiel von Eingangs- und Ausgangsgrößen verstanden, d. h. wenn sich die Eingangsgröße y verändert, so ändert sich auch die Ausgangsgröße x (Bollig und Abel, 2006, S. 24f). Zudem ist der Wirkungsweg der Übertragungsglieder rückwirkungsfrei, d. h. die Ausgangsgröße wirkt nicht auf die Eingangsgröße zurück (Ley und Unbehauen, 2014, S. 1).

Regelung und Regler

Die Regelung ist ein Vorgang, bei dem der Ist-Wert (sog. Regelgröße) fortlaufend gemessen, zum Reglereingang zurückgeführt (Rückkopplung) und mit dem Soll-Wert (sog. Führungsgröße) verglichen wird. Unter der Rückführgröße wird die zurückgeführte Regelgröße verstanden. Der Regelgröße wird die Variable x, der Führungsgröße die Variable w und der Rückführgröße das r zugewiesen (Kahlert und Frank, 1994, S. 119f; Stachowiak, 2013, S. 6; Deutsches Institut für Normung e. V., 2014). Aufgabe des Vergleichers ist, die Regeldifferenz zwischen dem Soll- und dem Ist-Wert bzw. zwischen der Führungs- und der Regelgröße zu bilden. Die Funktion der Regeldifferenz lautet $e = w - r$ (Formel) oder $e = w - x$ (Formel). Aus dem Ergebnis der Regeldifferenz leitet das Regelglied über eine Regelfunktion (Übertragungsfunktion) die Ausgangsgröße des Reglers y_R ab, sodass die gewünschte Führungsgröße erreicht wird und der Regelkreis das erstrebte Verhalten zeigt (Strejc, 2013, S. 5f). Demzufolge besteht der Regler aus dem Vergleicher und dem Regelglied (Latzel und Dörrscheidt, 1989, S. 15f). Der Führungsbereich w_h, innerhalb dessen sich die zielführende Führungsgröße befindet, muss zuvor definiert werden (Bollig und Abel, 2006, S. 202). Die allgemeine Formel der Übertragungsfunktion des Reglers lautet $K_R = \frac{y}{xw} = \frac{ar}{er}$ (Formel). K steht für den Übertragungsfaktor eines geschlossenen Regelkreises, R für den Regler, a_r entspricht dem Ausgangswert und e_r dem Eingangswert des Reglers (Wittmers, 1965, S. 139). Unter der Regelabweichung wird die negative Regeldifferenz verstanden, die Formel hierzu lautet $x_w = x - w$ (Formel) (Schulz, 1995, S. 7). Der Bereich innerhalb des

Reglers, welcher unter Einschränkungen der festgelegten Störgrenzen die Regelgröße verändern kann, wird als Regelbereich x_H bezeichnet (Abel, 2009, S. 33; Webers *et al.*, 2018, S. 39). Die Formel des Regelbereiches lautet $x_H = x_{max} - x_{min}$ (Formel) (Samal und Becker, 2004, S. 62). Die Ausgangsgröße des Regelgliedes y_R entspricht der Eingangsgröße des Stellers. Zudem gehört der Regler und der Steller zur Regeleinrichtung bzw. zum Steuerglied (siehe Abb.1) (DIN Deutsches Institut für Normung e. V., 2014).

Stelleinrichtung

Zur Stelleinrichtung gehört sowohl der Steller (Stellantrieb) als auch das Stellglied (Aktuator). Ausgehend von der Ausgangsgröße des Reglers (y_R) übermittelt der Steller dem Stellglied die erforderliche Stellgröße y (siehe Abb.1) (Katebi *et al.*, 2017, S. 108; Abel, 2009, S. 233f; Deutsches Institut für Normung e. V., 2014; Dörrscheidt und Latzel, 1989, S. 15f). Der Bereich innerhalb der Stellgröße y, die vom Regler verändert werden kann, wird als Stellbereich y_H bezeichnet. Der Stellbereich legt den Wertebereich fest, innerhalb dessen der Regler die Stellgröße verändern kann. Die Formel hierzu lautet $y_H = y_{max} - y_{min}$ (Formel) (Samal und Becker, 2004, S. 62). Des Weiteren ist das Stellglied Teil der Regelstrecke, es setzt die Stellgröße als Massen- oder Energiestrom am Eingang der Regelstrecke um (Deutsches Institut für Normung e. V., 2014).

Regelstrecke und Messglied

Unter der Regelstrecke (S) wird das System oder der Prozess verstanden, in dem sich die zu regelnde Größe befindet (Weber, 1993, S. 22; Mutambara, 1999, S. 5) bzw. bei dem die Regelgröße auf den Soll-Wert gebracht wird (Dörrscheidt und Latzel, 1989, S. 13f; Leonhard, 1962, S. 4). Außerdem erstreckt sich die Regelstrecke vom Stellglied bis zum Erfassen des Ist-Wertes durch das Messglied (siehe Abb.1) (Deutsches Institut für Normung e. V., 2014; Zastrow und Wellenreuther, 2005, S. 336). Regelstrecken verfügen über ein dynamisches Verhalten, welches durch Verzögerungen, Dämpfungen oder Verstärkungen gekennzeichnet sind (Strohrmann, 1996, S. 317).

Das Messglied wird zum einen unterteilt in den Messwertaufnehmer (Fühler, Sensor). Dieser misst kontinuierlich oder zu diskreten Zeitpunkten die Regelgröße. Zum anderen besteht das Messglied aus dem Messwertumformer, der den Messwert weiterverarbeitet, indem er das gemessene Signal umwandelt, sodass es vom Regler erfasst werden kann (Dörrscheidt und Latzel, 1989, S. 14f). Eingangsgröße der Regelstrecke ist die Stellgröße y, die Ausgangsgröße entspricht der Regelgröße x (Deutsches Institut für Normung e. V., 2014). Die Funktion des Übertragungsgliedes (der Strecke S) lautet $Ks = \frac{\Delta x}{\Delta y}$ od. $Ks = \frac{as}{es}$ (Formel) (Weber, 1993, S. 22). Zusätzlich ist eine Regelstrecke lediglich auf eine bestimmte Regelgröße innerhalb des zu regelnden Objektes bezogen, bspw. Temperaturregelstrecke oder Druckregelstrecke usw. Trotzdem können im zu regelnden Objekt mehrere Regelstrecken enthalten sein (Bleisteiner und Mangoldt, 2013, S. 38f). Des Weiteren wirken von außen Störgrößen z auf die Regelstrecke ein, diese können den Wert der Regelgröße verändern, weshalb sie eingeschränkt werden müssen (Günther, 1997, S. 99f). Eine genaue Beschreibung der Regelstrecke ist notwendig, um einen geeigneten Regler auszuwählen (Leonhard, 1962, S. 279), da der Regler nach dem sog. Zeitverhalten (siehe 2.2) der Regelstrecke ausgewählt wird (Bleisteiner und Mangoldt, 2013, S. 1017). Hierzu wird nun auf relevante Merkmale der Regelstrecke eingegangen.

2.2 Charakteristiken der Regelstrecke

Die Regelstrecke und ihre Charakteristik sind abhängig von dem zu regelnden System. Ein wichtiges Merkmal der Regelstrecke ist der Ordnungsgrad. Dieser bestimmt, aus wie vielen Gliedern die Regelstrecke besteht. Eine Regelstrecke dritter Ordnung setzt sich z. B. aus einer Gasleitung (erstes Glied), einem Wasserkessel (zweites Glied) und einem Wasserheizer (drittes Glied) zusammen. Eine Regelstrecke n −ter Ordnung umfasst eine Strecke mit n Gliedern. Der Gesamtübertragungsfaktor dritter Ordnung lautet $Ks = K_1 * K_2 * K_3 = \frac{\Delta x}{\Delta y} = \frac{a3}{e1}$ (Formel) oder allg.: $Ks = K_1 * K_2 * ... K_n = \frac{an}{e1}$ (Formel) (Wittmers, 1965, S. 138ff).

Das Zeitverhalten ist ein weiteres Merkmal einer Regelstrecke. Dieses beschreibt durch die sog. Sprungantwort oder Übergangsfunktion das dynamische Verhalten einer Regelstrecke. Änderungen des Eingangssignals verursachen eine Verzögerung (Sprungantwort), die am Ausgang der Regelstrecke aufgezeichnet wird. Unter der Sprungantwort wird die Übergangszeit $T_{\ddot{U}}$ verstanden, bis zu der sich die Regelgröße X_1 durch eine Änderung der Eingangsgröße im Zeitpunkt t_0 stabilisiert und den neuen Wert X_B annimmt, den sog. Beharrungswert (Weber, 1993, S. 23; Deutsches Institut für Normung e. V., 2014). Im Allgemeinen lässt sich durch Normieren der Ausgangsfunktion $x_a(t)$ durch die Sprunghöhe $\hat{y}_e$ die sog. Übergangsfunktion $h(t)$ berechnen $h(t) = \frac{Sprungantwort}{Sprunghöhe} = \frac{x_a(t)}{\hat{y}_e}$ (Formel) (Abel, 2009, S. 57f; Schulz, 1995, S. 19). Allerdings ist für eine genaue Beschreibung der Sprungantwort der Typ des Übertragungsgliedes notwendig, da ihnen bestimmte Eigenschaften zugeschrieben werden. Grundsätzlich lassen sich diese unterscheiden in: Proportional-, Integral-, Differenzial-, Totzeit- und Verzögerungsglied (Heyne, 1999, S. 55). Mischformen genannter Übertragungsglieder sind ebenfalls möglich (Schwarz, 2013, S. 75ff).

Zusätzlich werden Regelstrecken mit und ohne Ausgleich unterschieden. Strecken mit Ausgleich nehmen, nach Änderung des Eingangswertes y, einen neuen Beharrungswert X_B am Ausgang ein. Sie werden auch als Strecken mit proportionalem Verhalten (P-Strecken) bezeichnet (Günther, 1997, S. 101). Regelstrecken ohne Ausgleich stellen sich nicht auf einen neuen Beharrungswert X_B ein, der Ausgangswert verändert sich unbegrenzt $K_s = \infty$ (Formel) (Deutsches Institut für Normung e. V., 2014). Diese werden integrierende Regelstrecken genannt (Schulz und Graf, 2015, S. 46).

Regelstrecken lassen sich weiterhin differenzieren in Strecken mit und ohne Totzeit bzw. Laufzeit (Weber, 1993, S. 22f). Strecken mit Totzeit T_t reagieren erst nach einer Zeitspanne sprunghaft auf Änderungen des sprunghaften Eingangswertes y. Die Totzeit ist die Zeit, die vergeht bis sich die Regelgröße X_i auf den neuen Beharrungswert X_B eingestellt hat (Samal und Becker, 2004, S. 88). Dazu lautet die Formel $X_i(t) = K_s * y(t - T_t)$ (Formel) (Weber, 1993, S. 28). Wenn die Regelgröße X_i zeitverzögert aber stetig den neuen Beharrungswert X_B annimmt, wird von Regelstrecken mit Verzögerung gesprochen (Samal und Becker, 2004, S. 72).

Die Steuerung und beschriebene Regelung von Systemen wird gewöhnlich durch speicherprogrammierbare Steuerungssysteme (SPS) ausgeführt. SPS sind vergleichbar mit einem Mikrocontroller (Bordel et al., 2017, S. 162). Cyber-Physical Systems (CPS) sind Systemtypen aus dem Industrie 4.0-Kontext (Boyes et al., 2018), die einige Gemeinsamkeiten zu klassischen Steuerungssystemen aufweisen (Gunes et al., 2014). Darüber hinaus enthalten Cyber-Physical Systems (CPS) weitere Komponenten, durch die komplexe Steuerungssysteme verbessert werden können (Bordel et al., 2017, S. 163). Die Begriffsdefinition von Cyber-Physical Systems (CPS) erfolgt im dritten Kapitel (siehe 3.1).

Elemente des klassischen Regelkreises sowie Technologien der Industrie 4.0 und deren Beziehung zueinander bilden in dieser Arbeit einen geschlossenen Industrie 4.0-Prozessregelkreis. Aus diesem Grund müssen Komponente aus dem Industrie 4.0-Kontext und insbesondere Cyber-Physical Systems (CPS) näher erläutert werden. Im nachfolgenden Kapitel wird nun auf den Begriff Industrie 4.0 und dessen Systemelemente eingegangen.

3. Industrie 4.0

Industrie 4.0 steht für eine großflächige Vernetzung von Informations- und Kommunikationstechnologien (IKT) mit der industriellen Produktion, bzw. wird darunter eine digitale Vernetzung der industriellen Produktion verstanden (Schuh et al., 2017, S. 7). Der Begriff wurde erstmals 2011 von der deutschen Bundesregierung auf der Hannover Messe eingeführt (Gleich et al., 2016, S. 23). Es existiert keine allgemeingültige Definition zu Industrie 4.0 (Tschöpe et al., 2015).

Gemäß einer Studie der Bitkom und dem Fraunhofer-Institut IAO wird der Begriff wie folgt definiert: „[...] Industrie 4.0 steht für die vierte industrielle Revolution, einer neuen Stufe der Organisation und Steuerung der gesamten Wertschöpfungskette über den Lebenszyklus von Produkten [...]" (Bauer und Horváth, 2014, S. 17).

Im Abschlussbericht der Forschungsunion für Wirtschaft und Wissenschaft und der Acatech wird der Begriff wie folgt erklärt: „Industrie 4.0 meint im Kern die technische Integration von CPS in die Produktion und die Logistik sowie die Anwendung des Internets der Dinge und Dienste in industriellen

Prozessen – einschließlich der sich daraus ergebenden Konsequenzen für die Wertschöpfung, die Geschäftsmodelle sowie die nachgelagerten Dienstleistungen und die Arbeitsorganisation" (Kagermann et al., 2013, S. 18).

Aus der Literaturrecherche ergibt sich, dass sich das Verständnis über Industrie 4.0 teilweise unterscheidet. Es findet eine Diskussion statt, ob von einer industriellen Revolution oder Evolution gesprochen wird (Andelfinger und Hänisch, 2017, S. 47ff).

Anhand der Definitionen lässt sich erkennen, dass sich der Begriff Industrie 4.0 durch einige Kerntechnologien erklären lässt. Gegenstand beider Definitionen sind Instanzen, die am Wertschöpfungsprozess beteiligt sind. Zusätzlich wird die Verfügbarkeit von Echtzeitdaten, die Vernetzung von Menschen, Objekten und Systemen, sowie das Datenmanagement als Basisfaktoren aufgeführt. Diese Basisfaktoren lassen sich mit den Kerntechnologien Cyber-Physical Systems (CPS) und Internet of Things and Services (IoTS) vergleichen. Die Arbeit bezieht sich auf die Definition der Forschungsunion für Wirtschaft und Wissenschaft und der Acatech. Systemelemente aus dem Industrie 4.0-Kontext sind mit den Technologien gleichzustellen, die sich aus der Industrie 4.0 ergeben.

Einige Studien befassen sich mit der Vernetzung im Industrie 4.0-Kontext. Dabei wurden bereits Bausteine herausgearbeitet, jedoch keine klaren Umsetzungsstrategien. Verbände der Industrie 4.0-Plattform 2015 beschrieben in einer Studie eine theoretische Vorgehensweise, um Erkenntnisse über die Integration von Wertschöpfungsnetzwerken zu gewinnen. Dazu soll ein Konzept über Wertschöpfungsnetzwerke erarbeitet und in Pilotprojekten erprobt werden. Aus den Erfahrungen komplexer Zusammenhänge sollen anschließend Anforderungen an Cyber-Physical Systems-Plattformen (CPS-Plattformen) abgeleitet werden. Die Erstellung von Modellen zur Beherrschung komplexer Systeme ist z. B. eine weitere Umsetzungsstrategie der Verbände. Im Fokus steht dabei die Integration der virtuellen und realen Welt. Erarbeitete Modelle sollen fundierte Antworten über die Gestaltung und Nutzung der Schnittstelle zwischen der virtuellen und realen Welt liefern (BITKOM et al., 2015, S. 20ff).

Die abgeleiteten Umsetzungsstrategien geben einen guten Überblick für das Vorgehen, sind jedoch allgemein gehalten. Insbesondere die Technologien und Wechselwirkungen zwischen Systemelementen, durch die sich gerade Industrie 4.0 auszeichnet, werden nicht detaillierter aufgegriffen. Die Umsetzung der Ziele beruht auf der Erstellung von Konzepten und Modellen. Zur Modellierung der Systeme wären z. B. konkrete Bausteine oder eine Skizzierung von möglichen Beziehungen oder weitere fassbare Inhalte bzw. Faktoren hilfreich. Eine praxisnahe Anwendung lässt sich daraus nur schwer erkennen.

Des Weiteren entwickelte die Acatech ein theoretisches Modell, welches die Industrie 4.0-Entwicklungsstufen beinhaltet (siehe 3.1). Darauf aufbauend veröffentlichten sie in einer Studie 2017 ein dreistufiges-Reifegradmodell, welches Maßnahmen beschreibt, um Unternehmen dabei zu unterstützen, schrittweise und individuell, die nächste Industrie 4.0-Entwicklungsstufe zu erreichen. Im ersten Schritt soll eine Ist-Aufnahme des Unternehmens und der Prozessabläufe den Reifegrad des Unternehmens bestimmen. Ausgehend vom Ist-Zustand wird ein gewünschter Soll-Zustand im zweiten Schritt definiert. Schließlich sollen im dritten Schritt konkrete Umsetzungsmaßnahmen bestimmt, priorisiert, aufeinander abgestimmt und in nachvollziehbare Reihenfolge gebracht werden. Zudem wird ein kurzes Praxisbeispiel zur Anwendung des Modells in einem Unternehmen gegeben (Schuh *et al.*, 2017, S. 46ff).

Die Studie beschreibt das Vorgehen zur Implementierung von Industrie 4.0 in Unternehmen genauer als zuvor die Verbände der Industrie 4.0-Plattform z. B. durch den Einsatz von Instrumenten wie Fragebogen, Werksbegehung und der Aufwand-Nutzen-Matrix. Gleiche oder ähnliche Unternehmensabläufe könnten jedoch vereinfacht erfasst und von Unternehmen mit ähnlichen Prozessen genutzt sowie individuell zugeschnitten werden. Das Prinzip des dreistufigen Modells zur Reifegradbestimmung ist außerdem kein neuer Ansatz. Für gewöhnlich werden bei der Projektplanung über den Ist-Zustand, Soll-Ziele definiert und daraus Maßnahmen abgeleitet (Holzbaur, 2007, S. 118). Das praxisnahe Beispiel, welches zur Durchführung des zuvor beschriebenen Modells in einem Unternehmen dienen soll, ist zudem relativ allgemein gehalten.

Inwieweit Industrie 4.0 Unternehmen einen Mehrwert bringen, bleibt ebenfalls fraglich, da dieser meist nur theoretisch erläutert wird (Roth, 2016, S. 6ff; Chaves und Peter, 2018, S. 19). Deutsche Unternehmen sehen außerdem den Mehrwert zur Umsetzung von Industrie 4.0 oftmals skeptisch (Kagermann *et al.*, 2016, S. 59; Klein, 2018, S. 137). Im nachfolgenden Kapitel wird auf Technologien aus dem Umfeld des industriellen Produktionsprozesses näher eingegangen.

3.1 Systemelemente aus dem Industrie 4.0-Kontext

Einige Technologien lassen sich der Industrie 4.0 zuordnen (Bildstein und Seidelmann, 2014). Allerdings geht aus der Literaturrecherche hervor, dass Unstimmigkeiten bezüglich der Kerntechnologien bestehen. Im Journal *„Computers in Industry"* wird der Einsatz von Cyber-Physical Systems (CPS) und die damit verbundene Kommunikation und Automation von Objekten untereinander als Hauptcharakteristik der Industrie 4.0 genannt (Boyes *et al.*, 2018). In einer weiteren Quelle werden Internet of Things (IoT), eingebettete Systeme und breitbandige, kabellose Netzwerke als Kerntechnologien aufgeführt. Hinsichtlich industrieller Kommunikations- und Steuerungstechnik zählen zusätzlich Ethernet basierte Feldbusse sowie Standard-Technologien wie OPCUA und Software-Anwendungen für Speicherprogrammierbare Steuerungen (SPS) als Basistechnologien der Industrie 4.0 (Schlick *et al.*, 2014).

Gemäß der Industrie 4.0-Arbeitsgruppe stehen neben den Cyber-Physical Systems (CPS) und dem Internet of Things (IoT) auch das Cloud Computing und eingebettete Systeme im Vordergrund (Kagermann et al., 2013, S. 17). Des Weiteren werden zusätzlich zu bereits genannten Technologien Smart Grid, Internet of Things and Services (IoTS), Maschine-to-Maschine (M2M), Big Data, Cyber-Security und Mechatronik als wichtige Komponenten der Industrie 4.0 aufgezählt (Batista et al., 2017). In verschiedenen Publikationen werden vor allem das Internet of Things (IoT) und Cyber-Physical Systems (CPS) als Kerntechnologien bezeichnet.

Die Arbeitsgruppe der Acatech veröffentlichte in einer Studie 2017 ein Stufenmodell (Industrie 4.0-Entwicklungsstufen), welches die Grundvoraussetzung für eine Umsetzung von Industrie 4.0 beinhaltet. Die ersten beiden Stufen stellen die Basis der Digitalisierung dar. Hierzu gehört die Computerisierung, zu der Maschinen mit einem digitalen Interface zählen, sowie die Konnektivität. Letzteres bezeichnet die Vernetzung von Komponenten, die durch längere Protokolladressen (IPv6) und dem Einsatz von Internet of Things (IoT) ermöglicht wird. Die Sichtbarkeit, Transparenz, Prognosefähigkeit und Adaptierbarkeit sind Hauptkriterien der Industrie 4.0. Mit der Sichtbarkeit ist die Einbindung der Sensorik von Objekten gemeint, sodass eine Echtzeitdatenerfassung möglich wird. Zur Transparenz gehört die Analyse von Messdaten und Big Data. Bei der Prognosefähigkeit werden verschiedene Zukunftsszenarien simuliert und nach Eintrittswahrscheinlichkeiten bewertet, um bspw. frühzeitig Auswirkungen von Störungen zu erkennen. Unter der Adaptierbarkeit wird die Selbstoptimierung bzw. Autonomie verstanden (Schuh et al., 2017, S. 15ff).

Einige Arbeiten vermitteln einen abstrakten Zusammenhang der Industrie 4.0-Systemelemente, die der beschriebenen Studie der Acatech 2017 ähneln (Bauernhansl et al., 2016, S. 10ff; Pereira und Romero, 2017). Eine detaillierte anwendungsnahe Beschreibung der Systemelemente und der Interaktion untereinander wird nicht dargestellt. Zudem befassen sich andere Arbeiten mit konkreten Technologien aus dem Industrie 4.0-Kontext. In einem Konferenzbeitrag werden bspw. die Technologien Internet of Things (IoT) und Big Data hinsichtlich logistischer Prozesse und Dienstleistungen untersucht (Witkowski, 2017). Eine weitere Arbeit beschäftigt sich mit der Einbindung von Internet of Things (IoT) und Cyber-Physical Systems (CPS) in Produktionsunternehmen zur Optimierung von Fertigungssystemen (Kim und Park, 2017). Diese Arbeiten spezifizieren jedoch nur einzelne Technologien der Industrie 4.0.

Der Fokus dieser Arbeit liegt auf der Kommunikation von Maschinen untereinander und der Regelung von Maschinen, weshalb fortfolgend auf Technologien eingegangen wird, die unmittelbar mit Cyber-Physical Systems (CPS) und der Maschinenregelung in Verbindung stehen.

Der Begriff Cyber-Physical System (CPS) wurde erstmals 2006 in den USA von der National Science Foundation geprägt. Fortschritte aus den Gebieten der Computer-, Kommunikation- und Sensorik-Technologie führten zur Entstehung von Cyber-Physical Systems (CPS). Es gibt zahlreiche Definitionen (Fei *et al.*, 2018).

Edward A. Lee beschrieb 2008 in seiner Veröffentlichung den Begriff wie folgt: „Cyber-Physical Systems (CPS) are integrations of computation with physical processes. Embedded computers and networks monitor and control the physical processes, usually with feedback loops where physical processes affect computations and vice versa" (Lee, 2008).

Gemäß der Acatech Studie wird unter dem Begriff Cyber-Physcial System (CPS) die Verknüpfung von physischen Objekten mit informationsverarbeiteten virtuellen Objekten verstanden (Geisberger und Broy, 2012, S. 17).

CPS sind mechatronische Komponente mit sog. eingebetteten Systemen (Embedded Systems). Die Vernetzung der Systeme erfolgt durch das Internet (IoT), weshalb dieses die Netzwerkinfrastruktur der CPS darstellt (Networking and Information Technology Research and Development, 2015). Durch die Verbindung physischer Objekte mit der Cyberwelt können Daten in Echtzeit analysiert und rückgekoppelt werden. Dieser Fortschritt wird insbesondere auf Embedded Systems zurückgeführt (Kim und Park, 2017). Embedded Systems werden nachfolgend beschrieben.

Das Referenzarchitekturmodell zur Regelung von CPS besteht aus drei Schichten: die physikalische Schicht (sie umfasst physische Objekte), die Plattform (enthält Hardwarekomponenten) und die Softwareschicht. Letztere beinhaltet alle Steueralgorithmen und ist in die Hardware eingebettet (Miclea und Sanislav, 2011; Khaitan und McCalley, 2015). Die Anwendung von CPS in produzierenden Unternehmen, die Maschinen, Anlagen, Betriebsmittel und Logistiksysteme selbst konfigurieren, steuern und eigenständig Informationen austauschen, werden als Cyber-physische Produktionssysteme (CPPS) bezeichnet (Kagermann *et al.*, 2012, S. 2).

Embedded Systems sind physische Objekte wie bspw. Maschinen oder Anlagen, die mit Mikrocontrollern, Kommunikationssystemen, Identifikatoren, Sensoren und Aktoren ausgestattet sind. Kernelement eines Embedded Systems ist der Mikrocontroller. Dieser ist für die Analyse und Speicherung eingehender Daten sowie für die Statusbestimmung des Objektes zuständig. Außerdem werden vom Mikrocontroller Entscheidungen vorbereitet und ausgeführt (Bauer und Horváth, 2014, S. 19). Kommunikationssysteme ermöglichen einen eigenständigen Austausch von Informationen zwischen CPS. Dabei wird von sog. Maschine-to-Maschine-Kommunikation (M2M) gesprochen (Kagermann *et al.*,

2012, S. 9). M2M-Kommunikation besteht im Wesentlichen aus drei Komponenten: einem Datenendpunkt (DEP), bspw. eine zu überwachende Maschine, einem Datenintegrationspunkt (DIP), z. B. ein Server, der den Warenbestand eines Automaten überwacht und einem Kommunikationsnetzwerk (Glanz und Jung, 2010, S. 20f), kabel- od. funkbasiert (Schuh et al., 2017, S. 25). Der Datenendpunkt dient als Sender. Durch ein Mikrorechnersystem ist er mit einem Endgerät verknüpft. Mehrere Datenendpunkte können miteinander verknüpft sein und untereinander kommunizieren. Auch mehrere Datenintegrationspunkte sind denkbar, allerdings ist meistens in einer M2M-Kommunikation nur ein Datenintegrationspunkt vorhanden. Der Datenintegrationspunkt stellt den Empfänger dar, an dem Daten zusammengeführt und ausgewertet werden (Glanz und Jung, 2010, S. 20f). Objekte können durch sog. Identifikatoren eindeutig bestimmt werden, wozu Labels wie Barcode oder RFID gehören. Sensoren erfassen Echtzeitdaten des Objektes (Schuh et al., 2017, S. 23). Eine autonome Handlungssteuerung wird durch den Aktor ermöglicht (Geisberger und Broy, 2012, S. 105), wodurch Objekte reagieren bzw. Bewegungen ausführen können (Bauer und Horváth, 2014, S. 19).

Eine Möglichkeit zur Regulierung und Steuerung von CPS ist der direkte Datenaustausch zwischen CPS (Mattern und Flörkemeier, 2010). Ausschlaggebend ist dabei der Mikrocontroller, wie bereits erwähnt. Der direkte Datenaustausch von CPS wird begünstigt durch den Anstieg der Rechenleistung von Prozessoren, die zudem immer günstiger und kompakter werden. Viele Maschinen und Anlagen sind bereits mit einer eigenen Rechenleistung ausgestattet, künftig sollen auch Werkzeuge und Transporthilfsmittel nachziehen (Schuh et al., 2017, S. 23). Eine direkte Kommunikation hat den Vorteil eines schnellen und günstigen Datenaustauschen und einer geringen Verzögerungszeit. Ein Datenaustausch über größere Strecken kann lediglich über eine indirekte Kommunikation erreicht werden (Mattern und Flörkemeier, 2010). Trotzdem bleibt fraglich, ob die Rechenleistung des Prozessors zur Analyse von großen Datenmengen ausreicht. Unter der indirekten Kommunikation wird die Informationsübertragung durch einen Vermittler verstanden (Windelband et al., 2010, S. 27). Eine weitere Möglichkeit der Regulierung und Steuerung von CPS lässt sich durch die indirekte Kommunikation realisieren, die über die Verbindung mit der Cloud zustande kommt (siehe Cloud-based Cyber-Physical Systems).

Cloud-based Cyber-Physical Systems

Die Kombination aus CPS und Cloud Computing führt zu einer neuen Technologie, dem Cloud-based Cyber-Physical Systems (CbCPS) (Holtkamp et al., 2014, S. 21f) oder Cyber-Physical Cloud Computing (CPCC) (Simmon et al., 2013, S. 6). Die Idee des CbCPS ist, die Entscheidungslogik, die vorher beim Mikrocontroller stattfindet, in die Cloud zu verlagern. Dabei können Zeitverzögerungen durch die Komposition, Kodierung, Verarbeitung und Dekodierung beim Übertragen der Daten via Internet entstehen, wodurch der Aktor zeitverzögert reagiert. Zusätzlich steigt die Latenzzeit bei einer funkbasierten Übertragung. Die Zeit zwischen der Datenerfassung durch den Sensor und dem Zeitpunkt der Reaktion durch den Aktor wird Latenzzeit genannt (Holtkamp *et al.*, 2014, S. 22).

Ein wesentlicher Vorteil der Regulierung und Steuerung von CPS über CbCPS besteht in der hohen Rechenleistung, die durch die Verschiebung der Datenanalyse in die Cloud zustande kommt (siehe Cloud S.18). Allerdings kann es aufgrund längerer Übertragungswege zu erheblichen Störungen wie etwa Zeitverzögerungen bei der Datenübertragung kommen, wie bereits beschrieben. Ob CPS direkt oder indirekt miteinander kommunizieren, muss jedes Unternehmen für sich selbst entscheiden. Beide Herangehensweisen weisen genannte Vor- und Nachteile auf.

CPS-Plattform

CPS-Plattformen vereinen das Internet of Things (IoT) mit dem Internet of Things and Services (IoTS) und dem Internet of Everything (IoE) (Vogel-Heuser *et al.*, 2016, S. 12). Unter dem IoE wird die Vernetzung zwischen Menschen, Dingen und Räumen verstanden (Kim und Park, 2017). Ziel der Plattform ist es, über die Vernetzung hinaus Managementprozesse von CPS zu implementieren, z. B. ERP- oder MES-Systeme (Schuh *et al.*, 2017, S. 18) und Wertschöpfungsnetzwerke einzubinden. Dadurch können Dienste genutzt werden, wie bspw. Qualtity-of-Service (QoS), IT-Sicherheitsdienste, sowie Selbstdiagnose, Selbstkonfigurierung und Selbstheilung (Kagermann *et al.*, 2013, S. 84). Big Data Anwendungen ermöglichen dabei eine stochastisch umfangreiche Datenanalyse (Schuh *et al.*, 2017, S. 18).

IoT und IoTS

Die Schnittstelle zwischen physischen Objekten und dem Internet stellt das IoT dar (Pereira und Romero, 2017). Durch das Internet Protokoll Version 6 (IPv6) können, im Gegensatz zu dem Vorgänger Internet Protokoll Version 4 (IPv4), längere Protokoll-Adressen im Internet genutzt werden. Dies ermöglicht eine breite Vernetzung von Komponenten (Schuh *et al.*, 2017, S. 16). Die Vernetzung von physischen Objekten mit dem IoT erfolgt, wie bereits erwähnt, über sog. Identifikatoren (Geisberger und Broy, 2012, S. 247) und kabel- oder funkbasierte Netzwerke (Schuh *et al.*, 2017, S. 25). Des Weiteren können Dienste vom Provider über das Internet in Anspruch genommen werden. Hierbei wird von IoTS oder Internet of Services (IoS) (Pereira und Romero, 2017) gesprochen. Diese Dienste lassen sich über Plattformen realisieren, bspw. über Cloud-Plattformen (Geisberger und Broy, 2012, S. 247).

Cloud

Große Datenmengen benötigen eine große Rechenleistung, um komplexe Prozesssimulationen, Mustererkennung und Prädiktion analysieren und durchführen zu können. Dabei reicht die Rechenleistung, die im CPS integriert ist, nicht aus (Bauernhansl *et al.*, 2016, S. 22). Hierbei kann auf IT-Ressourcen der Cloud zurückgegriffen werden (Kagermann *et al.*, 2013, S. 84). IT-Ressourcen der Cloud können über drei Module genutzt werden: Infrastructure as a Service (IaaS), Platform as a Service (PaaS) und Software as a Service (SaaS) (Chaichi *et al.*, 2015). IaaS stellt die virtualisierte Computerhardware dar. Die Rechnerplattform auf dem Nutzer ihre Software programmieren können ist das PaaS. Dienstleistungsanwendungen, die Anspruch genommen werden können sind im SaaS enthalten (Bauernhansl *et al.*, 2016, S. 17). Über die Module kann bspw. auf die Software, den Datenspeicher, den Server, die Plattform, die Hardware oder andere Dienste zugegriffen werden (Roth, 2016, S. 55). Auch die Analyse und Bereitstellung der Daten, die zuvor von CPS in Echtzeit übertragen wurden, kann über die Cloud erfolgen (Schuh *et al.*, 2017, S. 27f). Bspw. kann die Cloud Toleranzgrenzen für Produktionsprozesse an das Steuersystem des Embedded System übertragen (Tian-you C. *et al.*, 2017). Unter Cloud Computing (CC) wird die Nutzung der Ressourcen aus der Cloud verstanden. Die IT-Ressourcen werden von Dienstleistern verwaltet und können über das Internet abgerufen werden (Kagermann *et al.*, 2013, S. 84). Demzufolge kann die Cloud als eine IT-Plattform gesehen werden, in dem der gesamte Lebenszyklus eines Produktes enthalten ist (Zhang *et al.*, 2014). Außerdem können Cloud-Dienste über drei verschiedene Cloud-Liefermodelle in Anspruch genommen werden. Diese sind: Public-, Private- und Hybrid-Cloud (Roth, 2016, S. 55). Da die Liefermodelle nicht unmittelbar mit der Kommunikation von Maschinendaten in Verbindung stehen, wird nicht näher darauf eingegangen. Zudem kann die echtzeitfähige Cloud-Plattform dazu genutzt werden, um einen sog. digitalen Schatten zu erzeugen. Der digitale Schatten bildet Produktionsprozesse virtuell ab. Durch ein Prozessmodell und eine Simulation kann darauf aufbauend der sog. digitale Zwilling ein annähernd identisches Abbild der Realität erzeugen. So können Muster und Verhaltensweisen erkannt werden und Prognosen für die Zukunft lassen sich aus den generierten Daten ableiten.

Big Data und Analysis

Big Data Anwendungen werden eingesetzt, um große Datenmengen und unterschiedliche Datenquellen, die aus der Vernetzung von CPS entstehen, zu verarbeiten und zu analysieren. Anwendungssysteme des Big Data, ERP- oder MES-Systeme werden oftmals auf einer gemeinsamen Plattform verwendet. Durch ihre Verknüpfung können damit große stochastische Datenanalysen durchgeführt werden. Zusätzlich lassen sich Wirkungszusammenhänge des digitalen Schattens erkennen (Schuh *et al.*, 2017, S. 17f). Gemäß dem Markforschungsunternehmen *„Forrester Research"* besteht Big Data aus vier Komponenten (4-V-Modell): Datenvolumen (Volume), Datenvielfalt (Variety), Datengeschwindigkeit neu erzeugter Daten sowie deren Verarbeitung (Velocity) und dem Datenwert (Value) (Hopkins und Evelson, 2011). Die wissenschaftliche Gesellschaft beschreibt Big Data als 5-V-Modell. Zusätzlich zu den bereits genannten Komponenten wird die Datenzuverlässigkeit (Veracity) genannt (Bauernhansl *et al.*, 2016, S. 33). Große Datenmenge, die aus der Vernetzung entstehen, werden dem Datenvolumen zugeschrieben. Variety steht für eine Vielzahl unterschiedlicher Datenquellen (Hopkins und Evelson, 2011). Aus dem Produktionsumfeld können unterschiedliche Datenquellen aus CPS-fähigen Produktionssystemen und dem digitalen Schatten erzeugt werden (Bauernhansl *et al.*, 2016, S. 39). Unter Velocity wird eine nahezu in Echtzeit durchgeführte Datenanalyse verstanden. Dabei müssen dynamische Daten, die sich laufend ändern können, berücksichtigt werden (Hopkins und Evelson, 2011). Durch die Datenanalyse sollen vergangene Produktionsprobleme erkannt, Lösungen generiert sowie Prognosen für mögliche zukünftige Probleme gestellt werden (Bagheri *et al.*, 2015). Bei der Datenanalyse werden Daten hinsichtlich ihrer Zusammenhänge und Muster untersucht. Mittels Mustererkennung können Prognosen getroffen und Handlungsableitungen geschlussfolgert werden (Bauernhansl *et al.*, 2016, S. 31ff). Die Reduzierung großer Datenmengen auf das Wesentliche wird als Value bezeichnet (Hopkins und Evelson, 2011). Der Aspekt der Datenzuverlässigkeit oder Glaubhaftigkeit eingehender Daten wird dem Veracity zugeschrieben (Bauernhansl *et al.*, 2016, S. 33).

Letztlich können folgende Komponente Teil des Industrie 4.0-Prozessregelkreises sein: die Mechatronik, Komponente des Embedded Systems, IoT als Netzwerke zur Datenübertragung, Big Data Anwendungen und eine Plattform, Cloud- oder CPS-basiert. Im nachfolgenden Kapitel wird auf praxisnahe Forschungsarbeiten eingegangen, die sich mit Regelvorgängen von CPS beschäftigten oder die Technologien aus dem Industrie 4.0-Kontext in den Regelungsprozess eingebunden haben.

3.2 Regelungsprozesse im Industrie 4.0-Kontext

Untersuchungen bezüglich CPS-basierter Regelungssysteme zur Gewährleistung eines optimalen Betriebszustandes wurden bereits durchgeführt. Ein Konferenzbeitrag beschreibt den Vergleich zweier Regelungsmethoden, um eine optimale Sollwerteinstellung für einen CPS-fähigen Schmelzmagnetofen zu generieren. Dabei wurden Daten in der Cloud verarbeitet und gespeichert. Die drahtlose Netzwerkverbindung übertrug die Daten vom Mikrocontroller auf den Cloud-Server und die Datenbank. Sensor und Aktor waren über ein Feldbussystem mit dem Mikrocontroller verbunden. Insbesondere wurde untersucht ob sich eine Selbstregulierung des Soll-Wertes einstellt, wenn vernachlässigbare und nicht vernachlässigbare Störungen auf den Prozess einwirken. Die Latenzzeit blieb dabei unbeachtet (Tian-you C. *et al.*, 2017).

Ebenso wurde die Raumtemperaturregelung eines CPS-fähigen Hausautomationssystems untersucht. Innerhalb des geschlossenen Regelkreises wurde die Regelung mittels Simulation hinsichtlich des

Energieverbrauchs bei Temperaturänderung mit einem Standardregler, dem PID-Regler und einem Hybrid-Regler verglichen (Shein *et al.*, 2012). Der PID-Regler ist ein lineares, zeitinvariantes Übertragungsglied, das aus drei Grundformen besteht: dem Proportional-, Integrier- und Differenzierglied (Deutsches Institut für Normung e. V., 2014). Der Hybrid-Regler besteht aus mehreren Reglern, unter anderem auch aus dem PID-Regler. Personen, die sich im Raum befanden und Wärmeeinstrahlungen von Draußen wurden als mögliche Störeinflüsse betrachtet (Shein *et al.*, 2012).

In einem weiteren Bericht wurde ein Simulationsmodell erstellt, um Auswirkungen von Datenverlust eines CPS-Steuerungssystems (zwischen Sensor und Regler) zu untersuchen. Dazu wurde ein P-Regler (Proportionalregler) verwendet und verschiedene Rotationsgeschwindigkeiten festgelegt, um einen Maxon-Gleichstrommotor zu simulieren. Zur Versuchsdurchführung wurden Störungsquellen in den geschlossenen Regelkreis eingebaut, um Fehlersignale zu verursachen, welche vom Regler empfangen und geregelt wurden. Die Stärke der Störung wurde als Prozentsatz der Dauer der Signalstörungen zur gesamten Simulationsdauer definiert. Aus dem Ergebnis der Simulation resultiert, dass die Schwankung der Sprungantwort abhängig von der Störungsstärke ist. Starke Störeinflüsse führten zu großen Schwankungen, die erhebliche Folgen haben können (Stevens, 2017).

Des Weiteren wurden mathematische Analysen des Stabilitätsverhaltens von dynamischen Systemen in Bezug auf die Selbstoptimierung ohne Verzögerungen untersucht (Marzbanrad und Moghaddam, 2016; Noack *et al.*). Auch Arbeiten zur Stabilitätskontrolle beim Eintritt von Störungen sind in der Literatur vorzufinden (Li *et al.*, 2014; Yin *et al.*, 2014; Chamseddine *et al.*, 2015). Die Integration von Netzwerken in das Steuerungssystem wurde ebenfalls erforscht. Dazu wurde ein Netzwerk in den geschlossenen CPS-Regelkreis eingegliedert. Eine Forschungsarbeit untersuchte das Netzwerkverzögerungsverhalten (Gupta und Chow, 2010), eine weitere Arbeit bezog sich auf die Verbesserung der Zuverlässigkeit von Wireless Sensor/Aktor Netzwerken (WSAN) im Hinblick auf Paketverluste. Aus letzterer Arbeit resultierte, dass eine Regelung trotz erheblicher Paketverluste möglich war (Xia *et al.*, 2007).

Fazit

Diese Arbeit untersuchte Systemelemente aus dem Industrie 4.0-Kontext, die Teil des Regelungsprozesses sein können. Dazu wurde im ersten Kapitel der Systembegriff beschrieben. Die Begriffsdefinition des geschlossenen Regelkreises und dessen Komponente erfolgte im zweiten Kapitel. Im dritten Kapitel wurde die Herkunft von Industrie 4.0 und Komponenten des CPS erklärt sowie der Stand der Technik hinsichtlich Regelprozessen aus dem Industrie 4.0-Kontext untersucht.

Ausschließlich geschlossene Systeme, die sich durch einen geschlossenen Regelkreis kennzeichnen, standen im Fokus. Ausschlaggebend war der Aspekt der Rückkopplungsfunktion, die sowohl geschlossene Systeme als auch geschlossenen Regelkreisen aufweisen, da somit eine Selbstregulierung von Objekten im Sinne der Industrie 4.0 möglich wird. Allerdings existieren geschlossene Systeme nur theoretisch. Des Weiteren wurden Aspekte nicht miteinbezogen, die mit der Vernetzung der gesamten Wertschöpfungskette im Industrie 4.0-Kontext zusammenhängen, bspw. die Einbindung von MES. Mathematische Analysemodelle zur Vorhersage und Prozesssteuerung blieben ebenfalls unbeachtet. Als Konsequenz der Einschränkungen ergibt sich eine grobe Vorstellung eines Prozessregelkreises im Industrie 4.0-Kontext.

Aus der Literaturrecherche resultiert, dass ein Industrie 4.0-Prozessregelkreis einerseits aus den klassischen Komponenten eines geschlossenen Regelkreises besteht und andererseits Komponente des Embedded Systems, das IoT, der Big Data Anwendungen sowie eine Plattform zusätzliche Elemente des Regelkreises sein können. Die Elemente des Prozessregelkreises sollen einen groben Überblick über Regelungselemente in einem Industrie 4.0-Regelkreis geben. Komponenten, die mit der Regelung von CPS in Verbindung stehen, erweitern die klassischen Komponenten des geschlossenen Regelkreises. Zudem kann die Datenanalyse vom CPS, die den Regelungsprozess beeinflusst, über die Cloud oder auf der Plattform erfolgen. Letzteres ist im Mikrocontroller des CPS eingebettet. Forschungsarbeiten zur Selbstoptimierung in Bezug auf CPS in der Kontrolltheorie sind dürftig (Bordel *et al.*, 2017). Die Herausforderung liegt vor allem darin, Komponenten von CPS zur Gewährleistung einer stabilen Regelung enger mit Komponenten des geschlossenen Regelkreises zu verknüpfen. Des Weiteren geht aus der Literaturrecherche hervor, dass der Ansatz der Integration des Netzwerkes in den Regelkreis vereinzelt untersucht wurde. Überwiegend wurden allerdings Regelvorgänge von CPS betrachtet, die ausschließlich aus den Komponenten des klassisch-geschlossenen Regelkreises bestehen.

Die Systemelemente des Industrie 4.0-Prozessregelkreises dienen als Grundlage für weitere Forschungsarbeiten. Anhand eines praxisnahen Beispiels kann der Prozessregelkreis modelliert werden, um darauf aufbauend z. B. das Stabilitätsverhalten des Regelkreises näher zu untersuchen.

Literaturverzeichnis

Abel, D. (2009), "Regelungstechnik. Umdruck zur Vorlesung und Ergänzungen (Höhere Regelungstechnik)", 33. Auflage, Verlagshaus Mainz, Aachen.

Aboutaleb, H. und Monsuez, B. (2015), "Measuring the Complexity of a Higraph-based System Model: Formalism and Metrics", *Procedia Computer Science*, H. 44, S. 11–20.

Andelfinger, V.P. und Hänisch, T. (2017), "Industrie 4.0. Wie cyber-physische Systeme die Arbeitswelt verändern", Springer, Wiesbaden.

Antonio, S. und Albertos, P. (2004), "Multivariable Control Systems: An Engineering Approach, Advanced Textbooks in Control and Signal Processing", Springer, London, Berlin, Heidelberg.

Arnold, R.D. und Wade, J.P. (2015), "A Definition of Systems Thinking: A Systems Approach", *Procedia Computer Science*, H. 44, S. 669–678.

Backlund, A. (2000), "The definition of system", *Kybernetes*, Bd. 29, H. 4, S. 444–451.

Bagheri, B., Yang, S., Kao H. und Lee, J. (2015), "Cyber-physical Systems Architecture for Self-Aware Machines in Industry 4.0 Environment", *International Federation of Automatic Control (IFAC)*, H. 48-3, S. 1622–1627.

Batista, N.C., Melício, R. und Mendes, V.M.F. (2017), "Services enabler architecture for smart grid and smart living services providers under industry 4.0", *Energy and Buildings*, H. 141, S. 16–27.

Bauer, W. und Horváth, P. (2014), "Industrie 4.0 - Volkswirtschaftliches Potenzial für Deutschland", Studie [8-9], BITKOM, Fraunhofer-Institut IAO, 2014.

Bauernhansl, T., Krüger, J., Reinhart, G. und Schuh, G. (2016), "WGP-Standpunkt Industrie 4.0", Wissenschaftliche Gesellschaft für Produktionstechnik (WGP), Berlin, Frankfurt, 2016.

Bertalanffy, L.v. (1968), "General System Theory", George Braziller, New York.

Bertalanffy, L.v., Hempel, C.G., Bass, R.E. und Jonas, H. (1951), "General System Theory. A New Approach to Unity of Science", *Human Biology*, H. 23, S. 302–361.

Bildstein, A. und Seidelmann, J. (2014), "Industrie 4.0-Readiness: Migration zur Industrie 4.0-Fertigung", Bauernhansl, T., T. Hompel, M. und Vogel-Heuser, B. (Hrsg.), "Industrie 4.0 in Produktion. Automatisierung und Logistik, Anwendung, Technologien, Migration", Springer, Wiesbaden, S. 581–597.

BITKOM, VDMA und ZVEI (2015), "Umsetzungsstrategie Industrie 4.0. Ergebnisbericht der Plattform Industrie 4.0", BITKOM, VDMA, ZVEI, 2015.

Bleisteiner, G. und Mangoldt, W. (2013), "Handbuch der Regelungstechnik", Springer, Heidelberg.

Böhm, R. (2002), "System-Entwicklung in der Wirtschaftsinformatik", vdf Hochschulverlag AG, Zürich.

Böhmer, W., Haufe, K., Klipper, S., Lohre, T., Rumpel, R. und Witt, B.C. (Hrsg.) (2018), "Managementsysteme für Informationssicherheit (ISMS) mit DIN EN ISO/IEC 27001 betreiben und verbessern", 1. Auflage, Breuth Verlag.

Bollig, A. und Abel, D. (2006), "Rapid Control Prototyping. Methoden und Anwendungen", Springer, Heidelberg, New York.

Bordel, B., Alcarria, R., Robles, T. und Martín, D. (2017), "Cyber–physical systems: Extending pervasive sensing from control theory to the Internet of Things", *Pervasive and Mobile Computing*, H. 40, S. 156–184.

Boyes, H., Hallaq, B., Cunningham, J. und Watson, T. (2018), "The industrial internet of things (IIoT): An analysis framework", *Computers in Industry*, H. 101, S. 1–12.

Braun, A. (2005), "Grundlagen der Regelungstechnik. Kontinuierliche und diskrete Systeme", Carl Hanser Verlag GmbH & Co. KG, München.

Busch, P. (2012), "Elementare Regelungstechnik. Allgemeingültige Darstellung ohne höhere Mathematik", 8. Auflage, Vogel Fachbuch, Würzburg.

Chaichi, N., Lavoie, J., Zarrin, S., Khalifa, R. und Sie, F. (2015), "A comprehensive assessment of cloud computing for smart grid applications: A multi-perspectives framework", Proceedings of PICMET '15: Management of the Technology Age, Portland, 2015.

Chamseddine, A., Theilliol, D., Zhang, Y.M., Join, C. und Rabbath, C.A. (2015), "Active fault-tolerant control system design with trajectory re-planning against actuator faults and saturation: Application to a quadrotor unmanned aerial vehicle", International Journal of Adaptive Control and Signal Processing, Bd. 29, H. 1, S. 1–23.

Chaves, D.P.F. und Peter, T. (2018), "Der Einsatz von Rückverfolgbarkeitssystemen in der Industrie - Ergebnisse einer Studie", Kassel University Press GmbH, Kassel.

Cooper, H.M. (1982), "Scientific Guidelines for Conducting Integrative Research Reviews", Review of Educational Research, Bd. 52, H. 2.

Cox, A. und Szajnfarber, Z. (2015), "Complexity Evolution Across Dissimilar System Components", Procedia Computer Science, Bd. 44, S. 52–65.

Deutsches Institut für Normung e. V. (DIN) (2014), DIN IEC 60050-351: (2014-09), "Internationales Elektrotechnisches Wörterbuch – Teil 351: Leittechnik. (IEC 60050-351:2013)", Beuth Verlag GmbH, Berlin.

Dörrscheidt, F. und Latzel, W. (1989), "Grundlagen der Regelungstechnik", B. G. Teubner, Stuttgart.

Fei, X., Shah, N., Verba, N., Chao, K.M., Sanchez-Anguix, V., Lewandowski, J., James, A. und Usman, Z. (2018), "CPS data streams analytics based on machine learning for Cloud and Fog Computing: A survey", Future Generation Computer Systems, H. 90, S. 435–450.

Forrester, J.W. (2013), "Grundzüge einer Systemtheorie. (Principles of Systems)", Springer, Wiesbaden.

Geisberger, E. und Broy, M. (2012), "Agenda CPS. Integrierte Forschungsagenda Cyber-Physical Systems", Acatech Studie, Springer, Berlin, Heidelberg.

Glanz, A. und Jung, O. (2010), "Machine-to-Machine-Kommunikation", Campus Verlag, Frankfurt.

Gleich, R., Losbichler, H. und Zierhofer, R.M. (2016), "Unternehmenssteuerung im Zeitalter von Industrie 4.0. Wie Controller die digitale Transformation erfolgreich steuern", Haufe-Lexware, Freiburg, München.

Gunes, V., Peter, S., Givargis, T. und Vahid, F. (2014), "A Survey on Concepts, Applications, and Challenges in Cyber-Physical Systems", Transactions on Internet and Information Systems, Bd. 8, H. 12, S. 4243–4268.

Günther, M. (1997), "Kontinuierliche und zeitdiskrete Regelungen", Springer, Stuttgart.

Gupta, R.A. und Chow, M.Y. (2010), "Networked Control System: Overview and Research Trends", Transactions on Industrial Electronics (IEEE), Bd. 57, H. 7, S. 2527–2535.

Heger, J. (2014), "Dynamische Regelselektion in der Reihenfolgeplanung. Prognose von Steuerungsparametern mit Gaußschen Prozessen", Springer, Wiesbaden.

Heyne, G. (1999), "Elektronische Meßtechnik. Eine Einführung für angehende Wissenschaftler", Walter de Gruyter, München, Wien.

Holtkamp, B., Springer, U. und Steinbuß, S. (2014), "Coud Computing und Cyber-Physical Systems. Nordrhein-Westfalen auf dem Weg zum digitalen Industrieland", Studie, Clustermanagement IKT.NRW, 2014.

Holzbaur, U. (2007), "Entwicklungsmanagement. Mit hervorragenden Produkten zum Markterfolg", Springer, Berlin, Heidelberg, New York.

Hopkins, B. und Evelson, B. (2011), "Expand Your Digital Horizon With Big Data", Forrester Research, Cambridge, USA, 2011.

Kagermann, H., Anderl, R., Gausemeier, J., Schuh, G. und Wahlster, W. (Hrsg.) (2016), "Industrie 4.0 im globalen Kontext. Strategien der Zusammenarbeit mit internationalen Partnern", Acatech Studie, Herbert Utz, München.

Kagermann, H., Wahlster, W. und Helbig, J. (2012), "Deutschlands Zukunft als Produktionsstandort sichern. Umsetzungsempfehlungen für das Zukunftsprojekt Industrie 4.0", Abschlussbericht des Arbeitskreises Industrie 4.0, Promotergruppen Kommunikation der Forschungsunion Wirtschaft-Wissenschaft, Berlin, 2012.

Kagermann, H., Wahlster, W. und Helbig, J. (2013), "Deutschlands Zukunft als Produktionsstandort sichern. Umsetzungsempfehlungen für das Zukunftsprojekt Industrie 4.0", Abschlussbericht des Arbeitskreises Industrie 4.0, Forschungsunion für Wirtschaft und Wissenschaft, Acatech, 2013.

Kahlert, J. und Frank, H. (1994), "Fuzzy-Logik und Fuzzy-Control", 2. Auflage, Vieweg, Wiesbaden.

Kaspers, W., Küfner, H., Heinrich, B. und Vogt, W. (2013), "Steuern - Regeln - Automatisieren. Lehr- und Arbeitsbuch", 5. Auflage, Vieweg+Teubner Verlag, Wiesbaden.

Katebi, R., Johnson, M.A. und Wilkie, J. (2017), "Control Engineering", Palgrave Macmillan, Houndmills, Basingstoke, Hampshire.

Khaitan, S.K. und McCalley, J.D. (2015), "Design Techniques and Applications of Cyberphysical Systems: A Survey", *Systems Journal (IEEE)*, Bd. 9, H. 2, S. 350–365.

Kim, S. und Park, S. (2017), "CPS (Cyber Physical System) based Manufacturing System Optimization", *Procedia Computer Science*, H. 122, S. 518–524.

Klein, A. (2018), "Modernes Produktionscontrolling für die Industrie 4.0. Konzepte, Instrumente und Kennzahlen", Haufe-Lexware, Freiburg, München, Stuttgart.

Latzel, W. und Dörrscheidt, F. (1989), "Grundlagen der Regelungstechnik. Leitfaden der Elektrotechnik", 2. Auflage, B. G. Teubner, Stuttgart.

Lee, E.A. (2008), "Cyber Physical Systems: Design Challenges" [UCB/EECS-2008-8], Technical Report, 2008.

Leonhard, A. (1962), "Die selbsttätige Regelung", 3. Auflage, Springer, Berlin, Göttingen, Heidelberg.

Ley, F. und Unbehauen, H. (2014), "Das Ingenieurwissen: Regelungs- und Steuerungstechnik, Regelungs- und Steuerungstechnik", Springer, Berlin, Heidelberg.

Li, H., Gao, H., Shi, P. und Zhao, X. (2014), "Fault-tolerant control of Markovian jump stochastic systems via the augmented sliding mode observer approach", *Automatica*, Bd. 50, H. 7, S. 1825–1834.

Lunze, J. (2003), "Automatisierungstechnik. Methoden für die Überwachung und Steuerung kontinuierlicher und ereignisdiskreter Systeme", Oldenbourg, München, Wien.

Lunze, J. (2016), "Regelungstechnik 1. Systemtheoretische Grundlagen, Analyse und Entwurf einschleifiger Regelungen", Springer, Berlin, Heidelberg.

Marzbanrad, J. und Moghaddam, I.T. (2016), "Self-tuning control algorithm design for vehicle adaptive cruise control system through real-time estimation of vehicle parameters and road grade", *Vehicle System Dynamics*, H. 54 (9), S. 1291–1316.

Mattern, F. und Flörkemeier, C. (2010), "Vom Internet der Computer zum Internet der Dinge", *Informatik-Spektrum*, Bd. 33, H. 2, S. 107–121.

Miclea, L. und Sanislav, T. (2011), "About dependability in cyber-physical systems", Institute of Electrical and Electronics Engineers (IEEE), 2011.

Mößmer, H.E. (1999), "Methode zur simulationsbasierten Regelung zeitvarianter Produktionssysteme. Forschungsberichte Institut für Werkzeugmaschinen und Betriebswissenschaften", Herbert Utz, München.

Müller, K. (2013), "Allgemeine Systemtheorie. Geschichte, Methodologie und sozialwissenschaftliche Heuristik eines Wissenschaftsprogramms", Springer, Wiesbaden.

Mutambara, A.G.O. (1999), "Design and Analysis of Control Systems", CRC Press, London, New York, Washington D.C.

Networking and Information Technology Research and Development (NITRD) (2015), "Cyber Physical Systems Vision Statement", Networking and Information Technology Research and Development (NITRD), Washington DC, 2015.

Noack, R., Jeinsch, T., Sari, A.H.A. und Weinhold, N., "Data-driven self-tuning control by iterative learning control with application to optimize the control parameter of turbocharged engines", 2014 19th International Conference on Methods, S. 839–844.

Perdikaris, G. (1991), "Computer Controlled Systems. Theory and Applications", Springer Science & Business Media, Dordrecht, Bosten, London.

Pereira, A.C. und Romero, F. (2017), "A review of the meanings and the implications of the Industry 4.0 concept", *Procedia Manufacturing*, H. 13, S. 1206–1214.

Pfeifer, T. (2013), "Wissensbasierte Systeme in der Qualitätssicherung. Methoden zur Nutzung verteilten Wissens", Springer, Berlin, Heidelberg, New York.

Pfeifer, T. und Schmitt, R. (2011), "Fertigungsmesstechnik", Oldenbourg, München.

Robert Bosch GmbH (Hrsg.) (2013), "Dieselmotor-Management. Systeme und Komponenten", Bosch Fachinformation Automobil, 4. Auflage, Springer, Wiesbaden.

Roth, A. (2016), "Einführung und Umsetzung von Industrie 4.0. Grundlagen, Vorgehensmodell und Use Cases aus der Praxis", Springer, Berlin, Heidelberg.

Roy, D.T. (2017), "Industrie 4.0 - Gestaltung cyber-physischer Logistiksysteme zur Unterstützung des Logistikmanagements in der Smart Factory", Dissertation, Universitätsverlag der TU Berlin, Berlin.

Samal, E. und Becker, W. (2004), "Grundriß der praktischen Regelungstechnik", 21. Auflage, Oldenbourg, München, Wien.

Schlick, J., Stephan, P., Loskyll, M. und Lappe, D. (2014), "Industrie 4.0 in der praktischen Anwendung", Bauernhansl, T., T. Hompel, M. und Vogel-Heuser, B. (Hrsg.), "Industrie 4.0 in Produktion. Automatisierung und Logistik, Anwendung, Technologien, Migration", Springer, Wiesbaden, S. 57–82.

Schuh, G., Anderl, R., Gausemeier, J., T. Hompel, M. und Wahlster, W. (2017), "Industrie 4.0 Maturity Index. Die digitale Transformation von Unternehmen gestalten", Acatech Studie 2017.

Schulz, G. (1995), "Regelungstechnik. Grundlagen, Analyse und Entwurf von Regelkreisen, rechnergeschütze Methoden", Springer, Berlin, Heidelberg, New York.

Schulz, G. und Graf, K. (2015), "Regelungstechnik 1. Lineare und nichtlineare Regelung, rechnergestützter Reglerentwurf", Walter de Gruyter GmbH & Co KG, Berlin.

Schwarz, H. (2013), "Mehrfachregelungen. Grundlagen einer Systemtheorie", 1. Auflage, Springer, Berlin, Heidelberg.

Seborg, D.E., Mellichamp, D.A., Edgar, T.F. und Doyle, F.J. (2010), "Process Dynamics and Control", 3. Auflage, John Wiley & Sons, Hoboken.

Shein, W.W., Tan, Y. und Lim, A.O. (2012), "PID Controller for Temperature Control with Multiple Actuators in Cyber-Physical Home System", *International Conference on Network-Based Information Systems*, S. 423–428.

Simmon, E., Kim, K.S., Subrahmanian, E., Lee, R., Vaulx, F., Murakami, Y., Zettsu, K. und Sriram, R.D. (2013), "A Vision of Cyber-Physical Cloud Computing for Smart Networked Systems" [NISTIR 7951], National Institute of Standards and Technology (NIST), 2013.

Springer-VDI-Verlag (2018), "Vorausschauende Instandhaltung in der Industrie 4.0", *Konstruktion*, Bd. 01-02-2018, S. 1–4.

Stachowiak, H. (2013), "Denken und Erkennen im kybernetischen Modell", 2. Auflage, Springer, Wien, New York.

Stevens, T.H. (2017), "Exploiting Physical Vulnerabilities of Exploiting Physical Vulnerabilities of Cyberphysical Control Systems", University of New South Wales – Australian Defence Force Academy, 2017.

Strejc, V. (2013), "Dimensionierung stetiger linearer Regelkreise für die Praxis. Reihe Automatisierungstechnik", Springer, Wiesbaden.

Strohrmann, G. (1996), "Automatisierungstechnik. Stellgeräte, Strecken, Projektabwicklung", 3. Auflage, Oldenbourg, München, Wien.

Tian-you C., Zhi-wei W. und Hong W. (2017), "A CPS Based Optimal Operational Control System for Fused Magnesium Furnace", *International Federation of Automatic Control*, H. 50-1, S. 14992–14999.

Tschöpe, S., Aronska, K. und Nyhuis, N. (2015), "Was ist eigentlich Industrie 4.0", *Zeitschrift für wirtschaftlichen Fabrikbetrieb (ZWF)*, Bd. 110, H. 3, S. 145–149.

Ulrich, H.P. und Gilbert, J.B. (1995), "Anleitung zum ganzheitlichen Denken und Handeln. Ein Brevier für Führungskräfte", 4. Auflage, Haupt-Verlag, Bern.

Unbehauen, H. (2007), "Regelungstechnik I. Klassische Verfahren zur Analyse und Synthese linearer kontinuierlicher Regelsysteme, Fuzzy-Regelsysteme", 14. Auflage, Vieweg, Wiesbaden.

Unbehauen, H. und Ley, F. (Hrsg.) (2014), "Das Ingenieurwissen: Regelungs- und Steuerungstechnik", Springer, Berlin, Heidelberg.

Vogel-Heuser, B., Bauernhansl, T. und T. Hompel, M. (Hrsg.) (2016), "Handbuch Industrie 4.0 Bd.4. Allgemeine Grundlagen", Springer, Berlin, Heidelberg.

Vossius, G. (1961), "Der sogenannte „innere" Regelkreis der Willkürbewegung", *Kybernetik*, H. 1, S. 28–32.

Weber, D. (1993), "Regelungstechnik. Wirkungsweise und Einsatz elektronischer Regler", Expert Verlag, Ehningen.

Webers, K., Froriep, R., Schiffelgen, H. und Mann, H. (2018), "Einführung in die Regelungstechnik. Analoge und digitale Regelung, Fuzzy-Regler, Regel-Realisierung, Software", 12. Auflage, Carl Hanser Verlag GmbH Co KG, München.

Weidner, R. (2016), "Technische Unterstützungssysteme die die Menschen wirklich wollen", Konferenzband, Institut für Konstruktions- und Fertigungstechnik, Hamburg, 2016.

Wieringa, R.J. (1996), "Requirements Engineering: Frameworks for Understanding", Faculty of Mathematics and Computer Science, Amsterdam, 1996.

Windelband, L., Fenzl, C., Hunecker, F., Riehle, T., Spöttl, G., Städtler, H., Hribernik, K. und Thoben, K.D. (2010), "Internet der Dinge in der Logistik. Qualifikationsanforderungen durch das Internet der Dinge in der Logistik", Studie, Bundesministerum für Bildung und Forschung (BMBF), Bremer Institut für Produktion und Logistik GmbH (BIBA), Institut Technik und Bildung (ITB), Bremen, 2010.

Witkowski, K. (2017), "Internet of Things, Big Data, Industry 4.0 – Innovative Solutions in Logistics and Supply Chains Management", *Procedia Engineering*, H. 182, S. 763–769.

Wittmers, H. (1965), "Einführung in die Regelungstechnik. Regelkreis und Steuerkette - die Grundlagen der Automatik", 3. Auflage, Vieweg, Leipzig.

Xia, F., Tian, Y.C., Li, Y. und Sung, Y. (2007), "Wireless Sensor/Actuator Network Design for Mobile Control Applications", *Sensors (MDPI)*, Bd. 7, H. 10, S. 2157–2173.

Yin, S., Luo, H. und Ding, S.X. (2014), "Real-Time Implementation of Fault-Tolerant Control Systems With Performance Optimization", *Transactions on Industrial Electronics (IEEE)*, Bd. 61, H. 5, S. 2402–2411.

Zach, F. (2013), "Technisches Optimieren", Springer, Wien, New York.

Zastrow, D. und Wellenreuther, G. (2005), "Automatisieren mit SPS", Springer, Wiesbaden.

Zentrum Wertanalyse der VDI-Gesellschaft Systementwicklung und Projektgestaltung (VDI-GSP) (Hrsg.) (1995), "Wertanalyse. Idee-Methode-System", 5. Auflage, Springer, Berlin, Heidelberg.

Zhang, L., Luo, Y., Tao, F., Li, B.H., Ren, L., Zhang, X., Guo, H., Cheng, Y., Hu, A. und Liu, Y. (2014), "Cloud manufacturing: a new manufacturing paradigm", *Enterprise Information Systems*, Bd. 8, H. 2, S. 167–187.

BEI GRIN MACHT SICH IHR WISSEN BEZAHLT

- Wir veröffentlichen Ihre Hausarbeit,
  Bachelor- und Masterarbeit

- Ihr eigenes eBook und Buch -
  weltweit in allen wichtigen Shops

- Verdienen Sie an jedem Verkauf

Jetzt bei www.GRIN.com hochladen und kostenlos publizieren